I0845704

Julio M. Shiling

LAS ELECCIONES MANIPULADAS DE 2020

Injustas y espurias

Copyright ©Julio M. Shiling

Copyright ©Patria de Martí

ISBN: 9798386321505

Library of Congress Control Number: 2023904385

Primera edición: junio 2022

DIVISIÓN EDITORIAL PATRIA DE MARTÍ

Miami, Florida

www.patriademarti.com

info@patriademarti.com

Printed in the United States of America

DEL MISMO AUTOR

Dictaduras y sus paradigmas: ¿por qué algunas dictaduras se caen y otras no?

Democratización en Cuba: un manual conciso

11J, éxodos, embargo y Martí en Cuba

Espionaje, cómplices y otros instrumentos del castrismo

China: el monstruo fabricado en Occidente

Cosas que hay que saber sobre política

Excepcionalismo americano: credo, cultura y política

América Latina bajo el asedio socialista

Trump: candidatura, presidencia y persecución

La insurrección marxista en Estados Unidos

Las elecciones manipuladas de 2020: injustas y espurias

El régimen Biden-Obama: una vía fabiana al socialismo

Ucrania: una lucha por la libertad y la soberanía

Islamismo: enemigo de la libertad

DEDICATORIA

Para mi padrino y tío, Julio Delgado, un hombre

inolvidable de una bondad sin igual que aborrecía la

injusticia

RECONOCIMIENTO

Este libro contó con la meticulosidad, la dedicación y la
ética laboral insuperable de Jose Tarano.

CONTENIDO

PREFACIO 13

CAPÍTULO 1 LA CONFESIÓN DE LOS CONSPIRADORES 15

La izquierda confiesa sus pecados electorales........... 15

CAPÍTULO 2 ¿CÓMO LO HICIERON?...................... 23

Sobre las irregularidades y el presunto fraude de las elecciones 2020... 23

Trump, Hamilton y las legislaturas estatales 31

El fraude como nuevo modus operandi electoral 37

Los peligros del dinero privado en las elecciones públicas 43

La crisis de la democracia americana 49

CAPÍTULO 3 AVENIDAS CONSTITUCIONALES PARA REMEDIAR LA SITUACIÓN 57

¿Una elección impugnada en 2021? 57

Elecciones ¿está a prueba la Constitución? 63

La Corte Suprema se ponchó 69

CAPÍTULO 4 INTENTANDO ARREGLAR EL PROBLEMA.. 77

Garantizar elecciones libres y justas: El mayor desafío interno de Estados Unidos 77

¿Está Estados Unidos arreglando su sistema electoral? 83

CAPÍTULO 5 LO QUE ESTABA EN JUEGO 87

¿Por qué fueron trascendentales las elecciones de 2020? 87

Biden no debió ser presidente 93

ACERCA DEL AUTOR 101

PREFACIO
LAS ELECCIONES MANIPULADAS DE 2020: INJUSTAS Y ESPURIAS

Las elecciones de 2020 estuvieron plagadas de anomalías e irregularidades. Una pandemia que China exportó al mundo dio licencia para que entidades gubernamentales, no autorizadas por la Constitución para hacerlo, reescribieran las leyes electorales estadounidenses. El resultado fue un extraño proceso electoral que no fue ni justo ni equitativo. Las argucias que se llevaron a cabo incluso pusieron en duda que fuera libre en absoluto.

El voto por correo se universalizó en estados estratégicos. Las normas establecidas tradicionalmente para garantizar la integridad de los votos se relajaron cruelmente. Se suprimieron los plazos y no se dio prioridad a la verificación de firmas. Muchas urnas no contaban con una cadena de custodia o supervisión adecuadas. Se eludieron las leyes federales de financiación de campañas con enormes cantidades de dinero privado "donado" a entidades de distritos clave, favoreciendo desproporcionadamente al candidato demócrata. Las empresas y los emporios de las redes sociales influyeron en las elecciones censurando a Donald Trump y a otros republicanos, al tiempo que encubrían noticias escandalosas sobre Joe Biden y su familia. El FBI también presionó a las redes sociales sobre lo que debían informar.

Este libro expone los hechos a través de una serie de ensayos y artículos que recorren este periodo, ofreciendo una visión y un análisis fundamentales. Para que una democracia funcione, es imprescindible que la sociedad confíe en el procedimiento electoral. La noción de autogobierno a través de la soberanía popular requiere un sistema en el que sea fácil votar, pero difícil hacer trampas. La legitimidad, la armonía social y las transferencias pacíficas de poder político solamente pueden existir si el sistema electoral no está amañado. La chapuza de las elecciones de 2020 no puede repetirse.

CAPÍTULO 1 LA CONFESIÓN DE LOS CONSPIRADORES

La izquierda confiesa sus pecados electorales

Donald J Trump se quedó muy corto. La hipótesis que él y sus partidarios expusieron sobre cómo la izquierda y sus cohortes estaban conspirando para hacer malabares con las elecciones presidenciales de 2020, no acataron con precisión. Subestimaron gravemente la diligencia de los conspiradores y la profundidad de su complot.

Molly Ball, en unas 6,500 palabras en su ensayo con fecha del 4 de febrero de 2021 y titulado "La historia secreta de la campaña en la sombra que salvó las elecciones de 2020" de la revista *Time*, falsificó la premisa de la izquierda de que la propuesta de "amañar" las elecciones era solamente una teoría de conspiración de los republicanos (Ball). El complot de la izquierda para "influir en las percepciones, cambiar las normas y las leyes, dirigir la cobertura de los medios de comunicación y controlar el flujo de información" demostró ser una formidable hazaña de connivencia llevada a cabo por las élites para elegir al candidato de su preferencia.

La corresponsal de política nacional de la revista y biógrafa de la expresidenta de la Cámara de Representantes, Nancy Pelosi, fue clara cuando escribió: "Había una conspiración desarrollándose entre bastidores […]". Ball la calificó como una "cábala bien financiada de gente poderosa" en la que participaban más de "150" organizaciones de izquierdas, así como grandes empresas, sindicatos y la oligarquía tecnológica. Su "trabajo", relata *Time*, "tocó todos los aspectos de las elecciones".

Esta es, en efecto, una descripción veraz de lo que ocurrió. Si hubiera habido audiencias judiciales reales sobre las "alegaciones" que el bando de Trump estableció, Ball habría sido un testigo excelente para los republicanos trumpistas, junto con el ensayo de *Time* como prueba convincente de que las elecciones de 2020 no fueron justas, y en su injusticia, se interpretaron como un proceso electoral no libre o parcialmente libre (en el mejor de los casos).

Los pecados contra la democracia de Estados Unidos, que el trabajo de Ball establece claramente, dejan al descubierto el más audaz abuso de las instituciones de la nación para maniobrar a través de las fisuras legales que permitieron un cúmulo de ocurrencias que, aun siendo lícitas, fueron flagrantemente inmorales y corrompieron una elección presidencial. Hubo dos fases de la trama para negar la reelección a Trump.

En primer lugar, estaba la faceta preelectoral. Esta parte era fundamental. Sin ella, el esquema de voto por correo cargado de relajación que se necesitaba no podía materializarse. Esta tarea implicaba cambiar las leyes electorales y los sistemas que generaban. Por supuesto, no podía ser llevada a cabo por los agentes exclusivos designados constitucionalmente, los legisladores estatales, ya que la mayoría de los estados clave estaban en control republicano. Tuvo que hacerse, principalmente, por medio de decretos ejecutivos de gobernadores y secretarios de estado demócratas, así como a través de demandas en los tribunales estatales.

La parte preelectoral de la conspiración de la izquierda para influir en el resultado de la contienda presidencial tenía otro componente. Necesitaba mucho dinero para financiar esta tarea draconiana. Dado que las leyes de financiación de las campañas establecen límites a las donaciones, se buscó la forma de conseguir el capital para la anticipada explosión del voto por correo. La forma en que esto fue resuelto por la cábala, fue haciendo que los gobiernos estatales y locales cuidadosamente seleccionados, junto con las juntas electorales locales, recibieran dinero privado.

El Centro para la Tecnología y la Vida Cívica del fundador de Facebook, Mark Zuckerberg, y el Centro para la Innovación e Investigación Electoral aportaron un total de 419 millones de dólares para este fin. Otras organizaciones, como "The Democracy Fund", "New Venture Fund", "Skoll Foundation" y "Knight Foundation", también contribuyeron. Este tipo de elusión de las leyes federales de campaña pudo llevarse a cabo, dada la cobertura que recibieron para acomodar el voto masivo por correo que se esperaba. El choque ético principal con esto fue que los beneficiarios principales de estos fondos fueron los bastiones demócratas en los estados indecisos.

El resultado de esta primera fase de la conspiración que expone *Time*, según el ensayo, reveló que casi el 50 % del electorado votó por correo, el 25 % votó anticipadamente y el 25 % votó en persona el día de las elecciones. Dadas las anomalías generalizadas en estados clave evidenciadas en las elecciones de 2020, se apoya la premisa de que el esfuerzo por "influir en las percepciones, cambiar las reglas y las leyes, dirigir la cobertura de los medios de comunicación y controlar el flujo de información", que la escritora de *Time* documentó tan hábilmente, apoya la afirmación hecha todo el tiempo por Trump.

La segunda fase de la conspiración de la izquierda fue inmediatamente después de las elecciones de 2020 y consistió en numerosos frentes y estrategias. Entre ellas, la principal fue la supresión tanto de la información como de la libertad de expresión. Estas tácticas fueron seguidas por una maniobra de movilización de masas agresiva por parte de las organizaciones de izquierda que buscaban influir en las autoridades públicas y electorales en los estados clave.

Estos grupos, con la cooperación genuflexa de los medios de comunicación industriales, desnaturalizaron las cuestiones raciales y diseñaron una narrativa de desinformación convincente para vincular los disturbios de "Black Lives Matter" (BLM) y "Antifa", con los reparos sociales a la expresión de los votantes que favorecían al candidato demócrata.

Mark Zuckerberg, nos informa el ensayo de *Time*, invitó a cenar a su casa a un alto cuerpo de los conspiradores en el mes de noviembre posterior a las elecciones. Vanita Gupta, presidenta y consejera delegada de la Conferencia de

Liderazgo sobre Derechos Civiles y Humanos, así como la candidata a fiscal general asociada de la administración Biden, encabezó el encargo de reclutar al fundador de Facebook para que aplicara "normas rigurosas y de obligado cumplimiento" a los contenidos informativos y a la expresión que cuestionaban la integridad de las elecciones, a pesar de las visibles anomalías que se produjeron de forma incuestionable, dada la abrupta puesta en marcha de un proceso básico de voto universal liberalizado por correo, que fue testigo de una participación popular sin precedentes, así como de un alto nivel de irregularidades y de impugnaciones estadísticas con base empírica. Jack Dorsey, de Twitter, recibió un esfuerzo de reclutamiento similar por parte de la cábala izquierdista. Concurrentemente, la conspiración izquierdista consiguió que Big Tech amplificara su censura y controlara las noticias.

El "apretón de manos" y la consiguiente declaración conjunta posterior a las elecciones, a la que se refiere el artículo de Ball, entre la Cámara de Comercio de Estados Unidos y la AFL-CIO, parece sugerir que el "acuerdo implícito" alcanzado entre las empresas y los sindicatos fue un compromiso alcanzado en la creencia de que el levantamiento marxista del verano se calmaría con una victoria de Biden. En otras palabras, tanto el capital como las uniones parecen asociar a los grupos de terror comunistas con un nivel de coalescencia con el Partido Demócrata. Además, el plan seguido para intimidar a los funcionarios electorales de los estados clave para certificar los votos electorales, se hace eco de la estratagema victimista de BLM.

"Fue una elección tan calamitosa que no se pudo discernir ningún resultado", así afirmó *Time*. Sí, la elección fue ciertamente una "calamidad" y difícil de "discernir" resultados claros, dadas las peculiaridades de las leyes electorales "cambiadas" y el recién probado proceso de voto universal por correo. Por lo tanto, fue una toma de poder que esta conspiración de la izquierda, bien documentada por la mencionada revista emblemática fundada en 1923, llevó a cabo e impactar los resultados de las elecciones. Los ejecutores de esta aberración horrífica, organizada y tramada contra la democracia de Estados Unidos están ahora en la tercera fase: criminalizar a la oposición. Manténgase en sintonía para el próximo artículo de *Time*, en otra confesión sin remordimientos.

Referencias

Ball, Molly. "La historia secreta de la campaña en la sombra que salvó las elecciones de 2020", *Time*, 4 febrero 2021. Accedido 1 junio 2022, www.time.com/5936036/secret-2020-election-campaign/

CAPÍTULO 2 ¿CÓMO LO HICIERON?

Sobre las irregularidades y el presunto fraude de las elecciones 2020

Tammany Hall, un manantial épico de clientelismo político en la historia estadounidense, sirvió los intereses de una parte de la clase política por más de 157 años. Fundada en 1788 como un club político y nombrado así por Tamanend, un cacique de la tribu india lenape, logró establecer una red impresionante de tráfico de influencias, nominando y apoyando a candidatos escogidos a cambio de favorecimientos en los nombramientos de puestos gubernamentales o donaciones cuantiosas a su organización.

El grado más escandaloso que adquirió esta institución fue a partir de 1829 cuando pasó formalmente a hacer una extensión del Partido Demócrata, particularmente en Nueva York. Esta fábrica de corrupción política vio sus últimos días de relevancia ya para 1945, bajo la alcaldía del reformador republicano en Nueva York, Fiorello LaGuardia. Tristemente, el espíritu infame de Tammany Hall parece haber resurgido en la elección de 2020.

Barack Obama empezó en 2009 la transmutación del Partido Demócrata. De lo que fue en el siglo XX un partido de centroizquierda o socialdemócrata en ocasiones, ha ido despellejando sus virtudes republicanas y en su lugar se ha inculcado conceptualizaciones antitéticas con la noción originaria estadounidense. Hemos visto al partido poblar sus filas en las posiciones claves a personas y grupos con una fijación filosófica de la lucha de clase, pero en su formato más moderno y amplio como es la Teoría Crítica, tal como fue concebida por la Escuela de Frankfurt y promovido por sus discípulos comunistas postmodernistas. Esta toxicidad totalitaria que expandió la noción del dúo fundador, Marx-Engels, requiere para fundamentar su planteamiento del marxismo cultural, una máquina de guerra desde el poder político donde la cultura se puede impactar y su hegemonía consecuente con los objetivos gramscianos, es posible construir.

Los demócratas del siglo XIX buscaron en Tammany Hall un mecanismo para enriquecerse y adquirir influencia partidista. Obama y los ideólogos marxistas que controlan el nuevo Partido Demócrata, traman para destruir la patria de Lincoln y Jefferson y confeccionar en su lugar, una irreconocible, socialista y, por necesidad práctica, leninista.

El Centro de Investigaciones Pew Research Center (PRC) hizo un estudio minucioso sobre el estado de las listas de votantes en Estados Unidos en 2012. Los resultados fueron espeluznantes. El estudio determinó que 24 millones de los que aparecían como votantes registrados, no eran registros válidos. De ese monto, 1.8 millones eran de personas que habían fallecidas. En efecto, esto quiere decir que uno de cada ocho votantes registrados para votar en Estados Unidos no es elegible para votar y no debe de estar en listas de votantes activas.

Los Estados Unidos no son una excepción con este problema entre las naciones democráticas del mundo. Preservar una lista de votantes actualizada y correcta es un reto necesario de vencer, si se pretende conservar la plenitud del sistema. Las votaciones de todo tipo por correo, por naturaleza, presentan un problema a la integridad sistémica cuando existen a priori desajustes en las listas activas entre los votantes elegibles y los no-elegibles. Por esa razón las llamadas "boletas ausentes" conllevan un proceso de escrutinio riguroso.

Primero, estas boletas son solicitadas por el votante a la junta de elección con anterioridad y hay un proceso para asegurar la autenticidad del votante por las autoridades correspondientes. Luego, entre las cosas que requieren este tipo de mecanismo para votar se incluye: una verificación detallada de la firma del votante, un monitoreo periódico por la junta de elecciones para asegurar que éste sigue viviendo en la misma dirección, que está vivo, que no ha ocurrido un cambio que podría convertirlo en inelegible (demencia senil, pérdida de estatus inmigratorio, por ejemplo) para votar. El tener que responder a estos mecanismos de monitoreo es un método imperfecto y tedioso, pero busca mantener las listas de votantes en la más alta calidad posible.

Algunos grupos de izquierda y organizaciones auto tituladas como defensoras del derecho al voto, usualmente promueven el registro del mismo día de la votación, el no requerir identificación de la persona y la votación por correo en masa. Sin embargo, la falta de garantía de la alteza del sistema electoral, cuando se toma en cuenta la imposibilidad de mantener en todo momento una lista de votantes pura, en ausencia de mecanismos estrictos que examinen la veracidad del voto, pone en riesgo el modelo electoral entero por la facilitación que este modo le rinde al fraude. Esa es la razón por la cual los Estados Unidos no se suscribieron previamente a la noción generalizada del uso de votaciones por correo en masa. Tal vez por eso hasta la ONU en su "Convenio Internacional sobre Derechos Civiles y Políticos", en el Artículo 25, sostiene que el voto debe de ser por "boleta secreta" para de esa forma asegurar que la voluntad del votante sea expresada en las urnas.

El primer ensayo para aplicar la votación universal en masa fue en Wisconsin, durante una campaña electoral para un escaño en el Tribunal Supremo de ese estado en mayo de 2020. En una operación muy bien montada para traer el voto por correo, el juez conservador titular, Daniel Kelly, fue derrotado por un margen sorprendente y poco explicable de 11 puntos contra la candidata izquierdista, Jill Karofsky.

El Partido Republicano de Wisconsin no pidió recuento, ni lanzó ninguna investigación seria, a pesar de la sugerencia de muchos desde afuera tomando en cuenta la diferencia extraordinaria de la pérdida. Los demócratas comprobaron lo que necesitaban saber. De ahí había que intentar de emular lo ocurrido en Wisconsin y repetirlo al plano nacional, con el ojo específico en la carrera presidencial.

Las irregularidades ocurridas en la elección de 2020, generalmente, sucedieron en las siguientes formas: cosechando votos ilegalmente e ilegales; firmando por personas sin el consentimiento o conocimiento del votante; negando la entrada a los observadores republicanos para el escrutinio de los votos (derecho legal); la emisión de votos falsos de personas fallecidas; alterando las fechas del voto por correo; la verificación poca o ligera de las firmas de las boletas; las volcadas de votos misteriosos en horas de la madruga que llegaban en camiones; el tutelaje a los votantes en las urnas; el distanciamiento excesivo entre los observadores y las mesas de conteo; los fallos sistémicos en el software que computaba los votos; exabruptos en el salto de los números de los votos durante la contabilización por periodos de tiempo corto; la usurpación de la facultad de la rama legislativa por la rama judicial, en efecto, reescribiendo la ley electoral (inconstitucional); y la extensión de la fecha para recibir los votos en el día de la elección (inconstitucional).

Pese a que hay una probabilidad que esta mezcla de actividades de presunto fraude ocurrió en más de treinta estados en grados variantes, ha sido en seis considerados claves donde se desplegó la mayor furia del intento aparente para volcar la elección a favor de Joe Biden. Este esfuerzo siniestro se concentró en Wisconsin, Pensilvania, Michigan, Georgia, Nevada y Arizona.

La acumulación de evidencia concreta se va sumando a medida que las demandas se van formulando, coordinando y ejecutando. Para estar claros, testigos presenciales, videograbaciones y testimonios junto con reportes de incidentes bajo juramento son todos considerados como evidencia en un tribunal estadounidense. Cualquier fuente de información que ponga en duda la existencia de evidencia sobre las irregularidades y el fraude presunto, categóricamente, está al servicio de una campaña de desinformación grandilocuente.

Por su parte, Ronna McDaniel directora del "Comité Nacional Republicano", aseguró en una entrevista de televisión tener más de 11 mil incidentes de fraude reportado por testigos y 500 testimonios juramentados. En adición a la evidencia concreta, hay una montaña de evidencia circunstancial formulada por estadísticas que desafían la lógica de cualquier posibilidad de no falsearla, desde una perspectiva de lo racional. Sydney Powell, uno de los abogados del equipo legal del presidente (abogada también del general Michael Flynn), informó que había en exceso de 450 mil boletas a través del país, que solamente contenía un voto emitido y era para Biden. Esto se hace difícil de creer, tomando en cuenta que en muchos estados donde se entregaron estos votos singulares había en la misma boleta otros escaños competitivos y todos fueron dejados en blanco.

Otro ejemplo de estos casos increíbles fue en el estado de Wisconsin que atestiguó un nivel de participación de más del 90% de los votantes registrados. Esta cifra no sólo rompería los récords previos de este estado, sino que competiría con países donde el voto es obligatorio. La evidencia circunstancial, pese a no ser suficiente para probar el acto de fraude frente a un tribunal, en la "corte de la opinión pública" es bastante convincente de la fechoría de los demócratas para sacar a Trump del poder.

Las irregularidades y el presunto fraude que ha acontecido en esta elección obligarán la intervención de la rama judicial de alguna forma. De hecho, ya un juez en Pensilvania le extendió al equipo de Trump, una pequeña victoria. La democracia es un modelo político frágil y propenso al abuso por malhechores. Si la integridad del voto en Estados Unidos no es sujetada al estándar más alto, la ciudadanía dejará de creer en el sistema, en el mejor de los casos. Cuando tomamos en cuenta los propósitos de los trazadores de esta hazaña sediciosa, el futuro entero de la república está en juego.

Trump, Hamilton y las legislaturas estatales

Alexander Hamilton nunca conoció al Partido Demócrata de 2020. Las medidas seminales que promovió este miembro del grupo de los Padres Fundadores de los Estados Unidos para la Constitución en el Federalista No. 68, sin embargo, pareciera haberse concebido para evitar el tipo de pillería y corrupción política que hemos presenciado en las elecciones presidenciales recientes. La maquinaria política construida por Barack Obama que llevó en su fórmula a Biden/Harris, ha puesto en riesgo la legitimidad de la democracia estadounidense. A pesar de esto, Hamilton puede haber vislumbrado un mecanismo para rescatar la integridad del sistema y, posiblemente, la República.

¿Qué fue lo que escribió el primer ministro del tesoro estadounidense y asistente personal de George Washington en la Guerra Revolucionaria (o Independencia) en los Ensayos Federalistas? Preocupado de que la corrupción política doméstica o una injerencia extranjera pudiera contaminar el proceso electoral de la nación incipiente y "elegir" un primer jefe ejecutivo incompetente o peor aún, malévolo, Hamilton estructuró en este ensayo redactado el

14 de marzo de 1788, los delineamientos morales y filosóficos para establecer un mecanismo que unía soberanía popular con los parámetros preventivos de contención republicana.

Los estadounidenses no querían reincidir en el error trágico que fue la Democracia Griega. Los fundadores en pleno, no sólo los otros arquitectos de los Federalistas, John Jay y James Madison, claramente repudiaron la fara ateniense. De ahí salió el concepto brillante del Colegio Electoral y la supremacía de las legislaturas estatales para resolver problemas sistémicos en momentos de crisis política tras elecciones víctimas de la ineptitud popular o la subversión nacional o foránea.

El modelo propuesto por Hamilton argumentaba que "El proceso de elección ofrece la certeza moral de que el cargo de presidente no recaerá nunca en la suerte de ningún hombre que no esté en un grado eminente dotado de las calificaciones requeridas". El constructor del sistema financiero de los Estados Unidos insistió en el No. 68 que había ideado un modelo del cual "…si la forma de hacerlo no es perfecta, es al menos excelente". Hamilton tuvo razón y el prototipo fue adoptado en la constituyente y hecho parte de la Constitución en su Artículo 2, Sección 1.2.

El sistema de elección presidencial estadounidense y su subsiguiente estructura de gobierno es, sin ninguna duda, un caso sui géneris. Las peculiaridades del modelo en su completitud, sin embargo, pasan desapercibidos para muchos. Una lectura que limita su enfoque a la composición del colegio electoral como un utensilio para darle una representación adecuada a los estados menos poblados, se pierde la mejor parte: los resguardos sistémicos que significa el haber empoderado, constitucionalmente, a las legislaturas estatales para sobrepasar un proceso electoral contaminado y en efecto, invalidarlo.

Las legislaturas de los estados reúnen la facultad, en acorde con la constitución, para escoger a los electores que depositarían su voto por el candidato presidencial. Pueden echar a un lado los electores escogidos por los partidos y en su lugar designar a otros seleccionados por ellos. ¿Por qué se les ocurrió a los fundadores de los Estados Unidos insertar en su carta magna semejante capacitación a instituciones inferiores (en el sentido nacional)? Algunos podrán argumentar que esto es "antidemocrático". La respuesta se nos presenta con alta visibilidad cuando consideramos todas las travesuras majestuosas que se han evidenciado en estas elecciones presidenciales.

La esencia del Federalista No. 68 de Hamilton y su posterior inclusión en la constitución como garantes era precisamente para proteger a la nación estadounidense de dos cosas: (1) la elección de una persona para presidente que fuera incompetente o antisistema (los pueblos sí se equivocan); (2) elecciones putrefactas por el fraude generalizado al punto de haber sido impactados los resultados (los humanos cometen fraude). Al entender esto, el curso tomado por la campaña de Trump solicitando audiencias frente a los cuerpos legislativos de estados impactados por las irregularidades, adquiere toda la lógica del mundo.

El pasado miércoles 25 de noviembre, en el emblemático lugar de Gettysburg en Pensilvania, los abogados del presidente y una gama de testigos expertos rindieron testimonio de primera mano sobre la gran serie de irregularidades que apunta a un mega fraude y a actos inconstitucionales cometidos por las autoridades en ese estado. Tan impactante y convincente fue el testimonio de los testigos, que la legislatura informó el viernes 27 de noviembre que iniciarán el proceso para ejercer su facultad constitucional y elegir a los electores.

Entre los muchos agravios contenidos en la resolución disputando los resultados de las elecciones generales de 2020 presentada por la legislatura de Pensilvania, se destaca como el Tribunal Supremo de Pensilvania, ilegalmente y de forma arbitraria, alteró el plazo de la recepción de las boletas por correo, anuló la verificación de los matasellos para confirmar la fecha de haberse enviado y la verificación de las firmas de los votantes (17 de septiembre).

Consecuentemente, el secretario del Commonwealth determinó, tras el fallo, que las firmas de las papeletas de voto por correo no necesitan ser autenticadas (23 de octubre). La resolución también menciona el modo desigual de aplicar la ley al permitir a ciertos condados selectos donde hay una mayoría demócrata, notificar a los oficiales del partido sobre boletas que contenían defectos, dándoles una oportunidad para corregir los errores (2 de noviembre).

El lunes, 30 de noviembre, el equipo legal de Trump tendrá una audiencia en la legislatura estatal de Arizona. El martes, 1 de diciembre, ocurrirá lo mismo en Michigan. La idea es clara. El presidente está siguiendo el curso que Hamilton y los Padres Fundadores esquematizaron para cuando ha habido un fallo sistémico en el proceso electoral. Trump, al insistir en acudir a los tribunales y, sobre todo, a las legislaturas estatales, para denunciar con evidencia abundante el fraude en estas elecciones, está defendiendo la institucionalidad democrática, el Estado de derecho y la constitución.

¡Qué genios los arquitectos fundacionales de los Estados Unidos! No me cabe duda del lado que Hamilton estaría en esta crisis y respecto al rol de las legislaturas. Pienso que, en esta guerra en las legislaturas, el banderín de MAGA ha adquirido un significativo nunca imaginado ni por Trump.

El fraude como nuevo modus operandi electoral

La administración Trump, el Partido Republicano e instituciones privadas y particulares han solicitado a los tribunales que se imputen las irregularidades electorales graves de las elecciones de 2020, en al menos seis estados claves. Estos desafíos, en su mayoría, no han logrado los resultados deseados por los peticionarios. Los demócratas, sus operativos en los medios de comunicación social y de masas, los tecno tiranos y algunos republicanos anti-Trump han reclamado la victoria. En cuanto al argumento de que, en el ámbito judicial, estas peticiones han sido funestas para el equipo Trump, esto es el caso claramente. Sin embargo, sobre la cuestión más importante de las anomalías electorales en Pensilvania, Michigan, Georgia, Arizona, Wisconsin y Nevada, las acusaciones de fraude no han sido desmentidas ni desmerecidas.

La razón por la cual el asunto más apremiante, la presunta cuestión del fraude, no ha sido invalidado es porque no ha tenido su día en los tribunales. En otras palabras, las pérdidas de los casos judiciales del equipo Trump han sido por cuestiones técnicas, de procedimiento, jurisdiccionales, de recurso y/o de factores de límites de tiempo. Esto incluye la decisión reciente del Tribunal Supremo de no escuchar el caso de Texas. En cuanto a juzgar los méritos específicos del fraude, en otras palabras, cuando un tribunal ha escuchado a los testigos, ha examinado las pruebas presentadas, ha seguido el debido proceso y, por tanto, ha tomado una decisión basada en la cuestión concreta de si se produjo un fraude en esta elección en los estados afectados, esto todavía no ha tenido lugar. Para subrayar aún más este punto en aras de la claridad, el ejercicio del fraude para ayudar a elegir a Joe Biden es un asunto que no ha sido refutado.

Categóricamente, se puede concluir responsablemente que el Estado de derecho en los EE. UU. ha sido fracturado. En adición a las elecciones escabrosas de 2020, los edictos ejecutivos autoritarios de los cierres en ciertos bastiones demócratas, la tolerancia política flagrante ejercida hacia la insurrección de la primavera/verano de los comunistas Black Lives Matters y Antifa y la consiguiente aplicación ideológicamente prejuiciosa de la ley han convertido a la solidez otrora del orden constitucional estadounidense, en un choteo. El civismo, la ley y el orden, y la legitimación que otorgan las elecciones honestas han recibido un golpe masivo.

Los mecanismos del fraude

Para ser inequívocos, solo se pueden explicar las anomalías draconianas presentes en esta elección presidencial, desde el prisma de un plan coordinado llevado a cabo de manera selectiva. Los seis mecanismos principales para esta hazaña fueron: (1) el voto por correo; (2) la manipulación potencial de las máquinas de votación por medio de programas informáticos; (3) las maniobras inconstitucionales de los poderes ejecutivo y/o judicial para cambiar las leyes electorales de los estados; (4) la complicidad de los medios al ocultar y/o ignorar noticias consideradas adversas para el candidato del Partido Demócrata; (5) el dinero que donaron oligarcas de las Big Tech, como Mark Zuckerberg, que beneficiaron al Partido Demócrata, posiblemente violando leyes federales que limitan donaciones políticas; (6) dejando desamparados y sin vigilancia buzones donde se depositaban boletas.

En términos específicos, así fue como se manipuló la elección de 2020: la recolección ilegal de votos; la firma de votos de personas sin su consentimiento o conocimiento; la denegación de entrada a los observadores republicanos para el recuento de votos (un derecho legal); la emisión de votos falsos por personas fallecidas; la alteración de las fechas en las boletas ausentes; la escasa o nula verificación de las firmas de los votos; el vertido de votos misteriosos en horas tempranas de la mañana que llegaron en camiones; la tutela de los votantes en las urnas.

La distancia excesiva entre los observadores republicanos y las mesas de tabulación, la utilización de buzones especiales para depositar las boletas sin una cadena de custodia de transferencia adecuada y sin rendición de cuenta, fallos sistémicos en el programa informático del Dominio que calculaba los votos, arranques erráticos en el número de votos que aparecían durante el recuento durante cortos períodos de tiempo, la desaparición de votos destinados para Trump; la usurpación del poder legislativo por parte de los poderes judiciales y ejecutivo, en efecto, reescribiendo la ley electoral (inconstitucional); y la ampliación de la fecha de recepción de los votos (inconstitucional).

Este embrollo electoral desenfrenado está sustanciado por cuatro tipos de pruebas. En primer lugar, hay pruebas testimoniales. Estas están compuestas por testigos de primera mano que, bajo juramento y pena de perjurio, han firmado declaraciones juradas y/o dado testimonio verbal. El segundo tipo de pruebas son las grabaciones de vídeo de numerosas irregularidades y/o delitos electorales como: denegar la entrada a los observadores republicanos a los centros de tabulación de votos y obstruir la accesibilidad razonable para cumplir las leyes estatales y revisar el proceso de recuento y validación de votos; trabajadores postales que le facilitaron boletas a personas no autorizadas; movimientos extraños de las papeletas sin la presencia de observadores, etc.

Otra forma de evidencia mencionada previamente ha sido los "fallos" y otros fenómenos derivados del software de la máquina de votación del Dominio. El último tipo es la evidencia estadística. Aunque esta es de naturaleza circunstancial, el análisis de datos estadísticos compone evidencia empírica de experiencias electorales pasadas que supera, cómodamente, dudas de racionalidad y lógica.

¿Puede una democracia durar mucho tiempo con una permanencia del fraude electoral? No por mucho. Un modelo sociopolítico de autogobierno popular no puede soportar los efectos destructivos de la pillería política. Una vez que esté claro que el camino a la victoria está delineado a través del engaño electoral, las élites tomarán nota y se adaptarán a las normas nuevas. El contrato social republicano se convertiría inerte. Eso sienta las bases para uno de dos resultados: un Estado fallido o una tiranía.

Las legislaturas estatales tienen un peso enorme en estos días. En última instancia, están facultados, constitucionalmente, para elegir a los electores (Artículo II, Sección 1.2). El presidente, haciendo uso de sus poderes de emergencia, también puede actuar y buscar un proceso de rendición de cuentas exhaustivo de las irregularidades electorales, lo cual se ha materializado, mucho más de forma integral, que de forma aislada. Lo que es imperativo es que alguien no permita que el fraude se convierta en la nueva norma electoral de los Estados Unidos.

Los peligros del dinero privado en las elecciones públicas

El dinero privado en las elecciones estadounidenses no es nada nuevo. Al referirse a la victoria electoral de Andrew Jackson en 1828, considerada por muchos como la encarnación del modelo de mecenazgo, un senador de Nueva York dijo, "que al vencedor le pertenece el botín". Consecuentemente, el apoyo y la práctica de devolver los favores por medio de cargos gubernamentales, contratos y otros mecanismos, instituyó un sistema de botín que alcanzó proporciones épicas y corrompió de tal manera el ejercicio de la soberanía popular, que el llamamiento a reglamentaciones necesarias se convirtió en un clamor común.

En 1867, la Ley de "Apropiaciones Navales" se convirtió en la primera ley federal de financiación de campañas. En este caso, fue una prohibición hacia los oficiales navales y los empleados del gobierno para que no solicitaran contribuciones del personal de la Armada. Posteriormente, la "Ley de Reforma" de la Administración Pública de Pendleton de 1883 extendió las restricciones de la solicitud de fondos de campaña otorgados a los militares de la

Armada al sector de la administración pública de servicio civil federal.

Desde entonces y hasta el día de hoy, han tratado de mejorar los problemas del dinero privado en el proceso político de una democracia y la posibilidad de tráfico de influencias, amiguismo, nepotismo y toda una serie de otros indeseables en una república libre con numerosas leyes federales de financiación de campañas, siendo la Ley de Reforma de Campañas Bipartidistas de 2002 o "McCain-Feingold" la última legislación integral aprobada.

Hasta ahora, los desafíos que enfrenta el sistema político de los EE. UU. en lo que respecta a la asignación de fondos privados para cubrir los costos de las campañas políticas, ha sido aceptado como una forma de libre expresión protegida por la Primera Enmienda y resuelto por la Corte Suprema en el caso *Citizens United v. Federal Election Commission* (2010). En otras palabras, la noción de dinero privado destinado a los titulares de cargos públicos parece haber llegado para quedarse.

Por lo tanto, la Comisión Federal de Elección (CFE), establecida en 1975 y facultada por la Ley Federal de

Campañas Electorales de 1971, tiene una presencia continua en los procesos electorales de los EE. UU. en ejercicio de su capacidad como órgano regulador independiente que aplica las leyes de financiación de las campañas y divulga información financiera pertinente relativa a los agentes políticos. Por muy poderoso e importante que sea el papel de la CFE en la política estadounidense, ésta cede un terreno enorme a los estados en la medida en que se "dona" dinero a algunos de sus gobiernos locales y departamentos electorales de los condados. Este es un terreno nuevo y peligroso.

En las elecciones de 2020, el fundador de Facebook, Mark Zuckerberg, por medio de dos de sus organizaciones sin fines de lucro, el Centro de Tecnología y Vida Cívica (CTVC) y el Centro de Innovación e Investigación Electoral (CIIE), canalizó un total de 419 millones de dólares (CTVC: 350 millones de dólares; CIIE; 69,5 millones de dólares) a las arcas de los condados seleccionados en determinados estados que son campos de batalla para ayudar en el proceso electoral mediante subvenciones. Las organizaciones de Zuckerberg no fueron las únicas, aunque fueron la más generosas en su contribución política. Otras entidades con esquemas similares incluyen: El "Fondo para la Democracia", el

"Fondo New Venture", la "Fundación Skoll" y la "Fundación Knight".

Los benefactores de este desembolso masivo de dinero privado insisten en su importancia para facilitar el proceso de elección dentro de sus jurisdicciones. Bill Turner, director en funciones de Servicios al Votante en el Condado de Chester, Pennsylvania, un condado que rodea a Filadelfia, acreditó los 2,5 millones de dólares que el Condado de Chester recibió para la elección como "esenciales".

La suma entrega pagó por empleomanía adicional, máquinas de escaneo de boletas, equipo de protección para los trabajadores, y espacio adicional de alquiler de alojamiento. EL CTVC solamente emitió subvenciones a más de 2.500 jurisdicciones. El colosal problema de este gesto, aparentemente benévolo, es que se dirigió específicamente a jurisdicciones que eran vitales para el Partido Demócrata. Las zonas rurales y los bastiones republicanos fueron ignorados por las entidades de Zuckerberg que dieron dinero en las elecciones.

El "Proyecto Amistad" publicó recientemente "La legitimidad y el efecto de la financiación privada en los procesos electorales federales y estatales" (Informe), un informe de treinta y nueve páginas preparado por Phill Kline de la Sociedad Thomas More. Contiene una acusación moral y potencialmente legal del empleo de capital privado, bajo el disfraz de "subvenciones", para eludir las leyes electorales estatales y federales.

El informe argumenta con fuerza que los requisitos impuestos por el CTVC para recibir las "subvenciones" violaban claramente las leyes electorales estatales y sobrepasaban los límites constitucionales. La forma en que el CTLC de Zuckerberg extendió selectivamente el dinero dio como resultado, según el Informe, a un gasto de aproximadamente 47 dólares asignados por votante en los bastiones demócratas, en comparación con 4 a 7 dólares en las jurisdicciones clásicamente republicanas.

La razón por la que el Congreso ha determinado, históricamente, que las leyes de financiación de las campañas electorales eran cruciales para intentar limitar la corrupción política que podía producirse cuando el capital privado se invertía en el proceso político de una república, era evidente. El dinero puede comprar los resultados de las elecciones y los políticos.

Las ONG's como las que pertenecen a Zuckerberg son máquinas políticas ideológicas y partidistas. Operan como Comités de Acción Político. La apariencia que pretender manifestar de ser defensores de la democracia, actuando sobre una base no partidista, y uno sin ataduras de los prejuicios de una cosmovisión del mundo, es puro teatro. A estas organizaciones oscuras no se les debe permitir eludir las leyes de financiación de campañas y corromper la democracia de los EE. UU. El mecanismo establecido de la CFE está allí para intentar lograr un proceso razonable de elecciones justas y honestas y más tarde, un sistema desprovisto de corrupción. Debe abordarse sobre el peligro institucional que entidades como estas representan.

La crisis de la democracia americana

Hay una grave crisis institucional en la democracia de Estados Unidos. Los incidentes ocurridos en el edificio de la capital son sólo manifestaciones sintomáticas de fracturas sistémicas más profundas. No hay un solo culpable, y ha tomado tiempo para desarrollarse. ¿Será esta un fallo cíclico y estacionario o tendrá efectos de incrustación permanente?

La democracia americana

Para estar claro, cuando hablamos de democracia entendido como en un arreglo político de autogobierno popular, en el caso de los Estados Unidos, nos referimos a esta variante como una versión de democracia indirecta con componentes republicanos estrictos. El poder se divide, se descentraliza y se hace competir cordialmente entre sí, con el fin de proteger la libertad. Esta es la intención original de los forjadores. Esta forma sui generis de organizar la sociedad y el poder político no solo era aplicable al gobierno. La sociedad civil también fue confiada para ser guardianes del sistema. Todo esto es una quimera hoy en día.

Los medios de comunicación

Una democracia que funciona dentro de una república constitucional, inherentemente, necesita una prensa libre y justa. La parte "justa" es hoy en día una falsedad. Los medios de comunicación han abandonado una de sus responsabilidades principales como defensores de la verdad en una sociedad libre: el periodismo de investigación objetiva. Lo que presenciamos ahora son operativos impulsados por la ideología que sirven a los intereses de una causa y/o partido político. Uno es testigo de cómo la prensa cubre noticias relevantes que impactan en la democracia y el Estado de derecho, para proteger a la gente de su gusto. Hunter y Joe Biden, Hillary Clinton y Barack Obama son solo algunos de los individuos elegidos que escapan al radar de la crítica y el escrutinio periodístico. Así pues, el guardián de la democracia (una prensa libre) cede su lugar al activismo político.

Los negocios privados

Aunque nunca se reguló como tal, el sentido común dictó que las empresas privadas no debían mezclar la política con los negocios. Esto fue así con la intención de respetar las opiniones políticas divergentes. La libertad de expresión se sofoca cuando las megaempresas promueven los lemas ideológicos y el contenido de los movimientos antisistema, como el marxista Black Lives Matter (BLM), por ejemplo, y los transmiten a las políticas corporativas.

Una extensión peligrosa del activismo ideológico corporativo fue ejemplificada de manera flagrante por el fundador de Facebook, Mark Zuckerberg, y la interferencia con sus ONG ejercieron en las elecciones públicas y la "contribución" de 419 millones de dólares a los gobiernos estatales y locales junto a las comisiones electorales en la contienda presidencial de 2020. Las leyes federales de financiación de campañas existen para establecer umbrales de dinero privado en el proceso político. El reparto de fondos privados en condados y distritos seleccionados, favoreciendo claramente a un candidato y partido sobre el otro, es una violación abyecta de la intención de las leyes federales de financiación de campañas. Además, saquea la cláusula de protección igualitaria de la 14ª enmienda de la Constitución.

Los medios sociales

Si bien es un actor bastante "nuevo" en el ámbito de la sociedad civil, los medios sociales se han convertido en un importante podio de expresión. Facebook y Twitter, para sorpresa de nadie, son las figuras dominantes. Su protección en virtud del artículo 230, como parte de la "Ley de Decencia en las Comunicaciones" (1996), consistía en asegurar que el terreno de la libertad de expresión quedara libre, a cambio de inmunidad frente a las demandas por difamación y/o calumnia. Esta condición de "dominio público" se ha subvertido y ya no existe. Consistentemente, Facebook y Twitter han exhibido manifestaciones de censura que son paralelas a las de los regímenes autoritarios. Mark Zuckerberg y Jack Dorsey se han convertido en zares que eligen quién puede ejercer la libertad de expresión y cuándo.

Cuando Twitter cerró el New York Post para limitar el daño que su relato sobre el escándalo de corrupción de Hunter Biden podría hacer a su candidato favorito, la obligación de neutralidad que subraya su codiciado estatus de dominio público fue quemada. Facebook ha bloqueado recientemente la cuenta del presidente Trump "indefinidamente". Si esto se le hace al presidente en funciones de los Estados Unidos, no hay límite para el aplastamiento de la libertad de expresión caprichoso.

Es reprobable moralmente el hecho de que cuentas pertenecientes a entidades como BLM, que propugna proyectos que llaman al desmantelamiento sistémico de la democracia americana tal como la conocemos, y en términos prácticos, ejerce disturbios y la destrucción de la propiedad pública y privada, ha permanecido en ambas plataformas, sin censura. Esta supresión de opiniones disidentes, dados los prejuicios obvios de la cosmovisión de Facebook y Twitter, conspiran contra los cimientos de una sociedad libre.

Los tecno-tiranos

Google ha monopolizado funcionalmente las capacidades de búsqueda en la web. Este es un hecho gravemente peligroso dado el papel del internet en la sociedad. El 1984 de George Orwell parece cada vez más cerca de adquirir el estatus de no ficción. Google tiene una inclinación política, y ejerce su poder para asegurarse de que las opiniones opuestas no se adelanten a la visión del mundo a la que se suscriben. Como parte fundamental de la sociedad civil del siglo XXI, las entidades comerciales privadas, como Google, son monstruos ideologizados que sirven a los dueños de su preferencia política. Por lo tanto, el papel de guardián que requiere una sociedad democrática diversa, no queda atendido.

El doble rasero del Estado de derecho

El Estado de derecho es una columna indispensable del gobierno democrático. Las fisuras dentro del sistema que socavan la moralidad de la igualdad ante la ley, son conductos para el comportamiento social desordenado. Durante esta primavera y verano de 2020, aproximadamente 14,000 personas fueron arrestadas como resultado de los disturbios de BLM llevados a cabo en todo Estados Unidos, de acuerdo con el Washington Post y citado por Forbes. Considerando que hubo más de 637 disturbios de BLM, esto se traduce en un promedio de 22 arrestos por disturbio. En el reciente asalto al edificio de la capital y atribuido a los partidarios de Trump, hubo 68 arrestos, según informó el Departamento de la Policía Metropolitana de Washington.

Sistema electoral sesgado

Aprovechando la marcha del virus chinocomunista a través de Estados Unidos, las organizaciones de izquierda y los operativos del Partido Demócrata iniciaron una campaña agresiva para reescribir las leyes electorales, centrándose en los estados clave. La idea era anular las salvaguardias de integridad de la votación por correo y lograr caminos diferentes para la victoria en noviembre. Abundaron los pleitos y las peticiones de los "ciudadanos", lo que dio lugar a la deconstrucción de las leyes electorales. Estas acciones fueron inconstitucionales, violando el Artículo 2, Sección 1, Cláusula 2 de la Constitución de Estados Unidos, ya que fueron alteraciones realizadas por gobernadores, secretarios de estado y/o tribunales estatales. Sólo los legisladores estatales están constitucionalmente facultados para esa tarea.

Estas transgresiones constitucionales, como demostró el caso de Texas en el que más de un tercio de los fiscales generales de los estados estuvieron de acuerdo y, lamentablemente, la Corte Suprema se negó a escuchar, allanó el camino para las irregularidades y anomalías generalizadas que profanaron la integridad de la elección. El hecho de que se hicieran "recuentos" (contando tanto los votos válidos como los inválidos) y de que fallaran más de 60 intentos legales (la mayoría de ellos no fueron realizados por el bando Trump), no invalida las pruebas existentes, ya que estas no se presentaron nunca en una audiencia judicial cualificada con el protocolo de debido proceso de una jurisprudencia competente. Una encuesta de Rasmussen, del 6 de enero, pone de relieve el hecho de que el 73 % de los votantes republicanos apoyaron la impugnación de la victoria electoral de Biden.

Cuando una gran parte del pueblo ha perdido la confianza en las instituciones básicas que sostienen la democracia, se establece un terreno peligroso. El hecho de que la otra mitad controle los medios de comunicación (mediáticos y sociales), la clase tecnocrática y los enclaves comerciales y académicos de la élite, y crea que sabe lo que es mejor, no significa que estén correctos. Ahora la fracturada República Americana se encuentra con los poderes ejecutivo y legislativo en manos del mismo grupo que ha hecho tanto para llevarnos a donde estamos. Abraham Lincoln dejó claro que una casa dividida no puede mantenerse en pie. Todos sabemos lo que siguió.

CAPÍTULO 3 AVENIDAS CONSTITUCIONALES PARA REMEDIAR LA SITUACIÓN

¿Una elección impugnada en 2021?

Donald J. Trump podría unirse a las filas de Thomas Jefferson y John Quincy Adams el 6 de enero de 2021. La Constitución de los EE. UU. en el Artículo Dos, Sección 1, Cláusula 3, modificado posteriormente por la 12ª Enmienda en 1804, formuló un proceso conocido como una "elección contingente". Este procedimiento aborda el problema de cuando un candidato a la presidencia o a la vicepresidencia, no ha obtenido suficientes votos electorales en una elección. En ese momento, en el caso de una contienda presidencial, se inicia en la Cámara de Representantes esta elección especial y se emite un voto por estado para uno de los candidatos, eligiendo así al jefe ejecutivo principal de la nación.

¿Por qué podría ser relevante ahora este poco conocido mecanismo constitucional? Sin que algunos (o muchos) lo sepan, la elección presidencial de 2020 está, de hecho, siendo disputada. Las elecciones presidenciales impugnadas en los EE.UU., no son un fenómeno nuevo. Se remontan a 1796 y han tenido lugar, en total, en seis ocasiones anteriores (1796, 1800, 1824, 1860, 1876 y 2000).

Además, ha habido elecciones que, si bien no han sido técnicamente impugnadas, ciertamente se han visto empañadas por cuestiones de integridad cuestionables, como en los casos de Grover Cleveland y Benjamín Harrison en 1888, y en 1960, la elección de Richard Nixon y John F. Kennedy. En otras palabras, el asunto de la disputa electoral no es una novedad en la política estadounidense. Sin embargo, cabe destacar que no todos los procesos electorales contenciosos han reunido los requisitos para una elección contingente o se han sometido a ella.

Este instrumento constitucional único y utilizado raramente para resolver el problema de la insuficiencia de votos electorales, se ha empleado exclusivamente en dos ocasiones en el ámbito presidencial y una vez para un estancamiento electoral vicepresidencial (1837). La elección de 1800 entre Thomas Jefferson y Aaron Burr, presentó una situación en la que ambos candidatos recibieron un número igual de votos electorales.

Esto obligó a una elección contingente al año siguiente en la Cámara de Representantes. El 17 de febrero de 1801, Jefferson fue proclamado ganador tras 36 intentos de votación. La elección contingente de 1825, resultante de la falta de obtención de la mayoría de los votos por parte de los candidatos presidenciales en la campaña electoral de 1824, entregó la presidencia a John Quincy Adams. Esto ocurrió, sorprendentemente, a pesar de que Andrew Jackson había ganado una pluralidad de votos tanto en la esfera popular como la electoral, en esa elección de 1824.

Para salvaguardar la democracia estadounidense, la Constitución le otorga a las legislaturas estatales la autoridad máxima para elegir a los electores que emitirán los votos correspondientes en nombre de ese estado. La elección presidencial de 2020 generó rápidamente desafíos de validez dadas las irregularidades abrumadoras que se produjeron. El presunto fraude, para ser claros, en sí mismo no impulsa una elección contingente.

Sin embargo, una vez que Georgia, Pensilvania, Nevada, Arizona, Michigan, Wisconsin y Nuevo México emitieron dos grupos separados de electores el 14 de diciembre, uno para el presidente Trump validado por las legislaturas estatales y el otro certificado por los gobernadores para el exvicepresidente Biden, se ha enviado una clara señal de que una elección contingente tiene muchas posibilidades de celebrarse. Sería la tercera vez en la historia de América que se desarrolla.

¿Por qué estos siete estados emanaron dos grupos de electores? Como resultado de las declaraciones juradas de los testigos y de las pruebas olímpicas presentadas ante las legislaturas de los estados que abordaban las anomalías altisonantes que tuvieron lugar en las elecciones de 2020, los legisladores de los estados ejercieron sus obligaciones constitucionales y seleccionaron a los electores. Los siete estados citados tendrán electores en conflicto el 6 de enero, el día en que el Congreso se reúna para contar los votos electorales, ampliando así la posibilidad de que se celebre una elección contingente.

El vicepresidente Mike Pence, como presidente del Senado, presidirá esta sesión conjunta del Congreso en la Cámara. Dado que se le ha conferido la autoridad para plantear la cuestión de los conflictos inherentes de la dualidad de los electores de esos siete estados y la parte que les corresponderá en el recuento de los votos electorales, las objeciones secundadas por otros funcionarios electos podrían desencadenar la realización histórica de una elección contingente.

Es muy evidente que estamos siendo testigos de un acontecimiento histórico y uno de enormes pruebas acerca de la fortaleza de la democracia estadounidense y del valor de los instrumentos constitucionales que los Padres Fundadores elaboraron para resolver los problemas de incoherencias entre las altas normas de integridad electoral y los resultados, y la escasez de los votos electorales necesarios para ser elegido presidente.

Si uno limitara su fuente de información a los medios de comunicación predominantes, se podría concluir que Joe Biden ganó el 3 de noviembre. Después de todo él dio un discurso de victoria en la madrugada de esa misma noche de elecciones, la prensa lo coronó así y consecuentemente procedió a dirigirse a Biden como el "presidente electo". Ese escenario, sin embargo, va en contra de las normas establecidas para la resolución de las elecciones en disputa. Conspira contra la democracia.

El 6 de enero es el Día de la Epifanía, una fiesta cristiana que celebra la revelación de Dios, a través de Jesucristo a los gentiles. También se conoce como el "Día de los Reyes

Magos". En muchas naciones cristianas, particularmente en Latinoamérica y Europa, es una tradición la de intercambiar regalos como símbolo en este día. La palabra epifanía confirma la noción de una consumación iluminadora. Quizás los EE. UU. y su república tenga una experiencia paralela en ese día.

Elecciones ¿está a prueba la Constitución?

Hoy 6 de enero es el día en que se elige al presidente. No es el día de las elecciones o cuando los gobernadores de los estados certifican los votos electorales. Es sólo cuando el Congreso cuenta formalmente esos votos, y se alcanza el umbral el monto de los 270.

Las elecciones presidenciales de 2020 han sido y son objeto de disputa. Esto no es por capricho, como afirman los críticos del presidente. Las leyes electorales estatales fueron alteradas como reacción a la crisis de la pandemia. Esto se hizo sin los canales constitucionales adecuados que permitieran los cambios. Como resultado, se produjo una gama de irregularidades y anomalías amplia en la votación que inclinaron la elección a favor de un candidato sobre el otro, por números inferiores a los votos cuya validez se cuestiona. Se puede argumentar si las irregularidades dieron lugar a que un número suficiente de votos nulos determinara o no la elección. Lamentablemente, ningún procedimiento judicial adecuado ha determinado si las quejas de los republicanos tienen mérito. El hecho de que la Corte Suprema no atendiera el caso de la constitucionalidad del mecanismo de votación por correo de Pensilvania, una petición hacha con anterioridad a las elecciones (28 de octubre de 2020), hizo que el procedimiento de recuento de votos electorales del Congreso del 6 de enero resulte fundamental.

Primero, veamos lo que los Padres Fundadores tendrían que decir. Para servir de amortiguador entre la estricta soberanía popular y los escollos de la democracia directa ateniense, se centraron en un sistema que priorizaba la libertad y su preservación. Los arquitectos de la República Americana abrazaron Roma, Jerusalén, y sólo tomaron del modelo griego su noción abstracta. Como cristianos creyentes, entendieron bien la falibilidad humana, la ley natural y el valor trascendental de ser libres. Por lo tanto, la atrevida pero brillante inclusión de frenos y contrapesos sistémicos, y la división de las tareas de gobernar, tenía un profundo razonamiento.

La noción de un Colegio Electoral no era sólo para aplacar a los estados más pequeños para que inducirlos a que aprobaran la Constitución. La idea de colocar a un grupo de individuos sabios seleccionados como guardianes últimos de los posibles errores cometidos por la población o los conspiradores subversivos contra el país, era también un factor importante. En la cultura woke de hoy, con todas las guerrillas marxistas de "justicia social" en pleno juego, la idea de individuos templados que pudieran evitar el suicidio de la democracia americana, parecería exagerada y mojigata. Sin embargo, esto es exactamente lo que los Forjadores querían. El día de hoy, 6 de enero, la resistencia de la fundación constitucional será puesta a prueba.

La democracia indirecta de Estados Unidos, formulada a propósito, otorga un enorme poder a dos entidades: los electores y las legislaturas estatales. Estas salvaguardias, sin embargo, son vistas por algunos como elementos de supresión de votos. Los electores son los verdaderos componentes que votan por el presidente. Por lo tanto, este constituye el factor "indirecto" de la democracia americana. Las legislaturas estatales son las estructuras más poderosas del sistema electoral. No son los tribunales, ni los gobernadores, ni los secretarios de estado, ni las juntas electorales que pueden hacer o cambiar las leyes electorales. Son meros ejecutores de lo que los legisladores estatales ya han aprobado.

En otras palabras, las legislaturas estatales son el único órgano capaz de elaborar las leyes estatales que rigen las elecciones y determinan las reglas del juego. Además, están dotados, constitucionalmente, con el poder para desafiar la soberanía popular si, en su opinión, el pueblo ha elegido mal o se le ha hecho mal. Categóricamente, pueden elegir sus propios electores y anular cualquier otro.

Seis legislaturas estatales presidieron audiencias en las que se presentaron testimonios de testigos, grabaciones de vídeo, pruebas estadísticas y muestras de malversación de programas informáticos. Posteriormente, decidieron emitir su propio grupo de electores, como lo autoriza la Constitución. Así pues, los electores republicanos de Pensilvania, Georgia, Michigan, Wisconsin, Arizona, Nevada y Nuevo México emitieron, el 14 de diciembre de 2020, votos alternativos para el presidente Donald Trump, mientras que los electores demócratas certificados, en esos mismos estados, lo hicieron para el exvicepresidente Joe Biden. El 6 de enero habrá dos duelos de votos de siete estados.

El vicepresidente Pence, como presidente de esta reunión aplazada del Congreso, está en la posición argumentable de elegir un grupo de electores del grupo de los siete con dualidad de votos o descartarlos todos. La primera opción podría conferir la presidencia a cualquiera de los candidatos, dependiendo del grupo que elija. La otra alternativa sería descartar ambos grupos de electores de los estados mencionados. Esto no daría, ni a Trump ni a Biden, los 270 votos electorales necesarios. En ese momento, se convierte en una elección contingente decidida por la Cámara, como ocurrió en 1801 y 1825 (en los casos presidenciales).

Es poco probable que se emplee la "Ley de Recuento Electoral" de 1887 ("LRE"), dada la naturaleza ya muy polarizada de la elección de 2020 y la opinión compartida por muchos expertos de que la LRE no reuniría el escrutinio constitucional. Esta opción probablemente obligaría a una audiencia del Tribunal Supremo para determinar si este mecanismo es apropiado dentro de los límites de la Constitución. La cuestión de la constitucionalidad está en el centro de la disputa en la elección de 2020.

La Constitución de los Estados Unidos otorga la facultad exclusiva de modificar las leyes electorales, como se mencionó anteriormente, a los legisladores estatales. El impacto de los cambios en las leyes que dictan las normas electorales fue modificado por entidades no autorizadas constitucionalmente. Esta es una de las impugnaciones constitucionales. La segunda preocupación constitucional es la de la 14ª Enmienda y la disposición sobre la igualdad de protección.

En los estados clave del campo de batalla, existían dos reglas operacionales en cuanto a los distritos electorales, debido a los cambios en las leyes electorales del estado que hicieron los gobernadores, los funcionarios del estado o los tribunales estatales. En los distritos que eran democráticos frente a los que eran republicanos, las normas sobre la "curación" de los votos, por ejemplo, eran diferentes. Tal fue el caso de la dispersión de la financiación externa, como la de las ONG de Zuckerberg. El doble rasero ejercido a través de diferentes procedimientos hace que la integridad de la elección no esté igualmente protegida.

Pese al resultado final, el día de hoy será un evento histórico de tremendas proporciones. Aún está por verse en qué medida se tendrá en cuenta la Constitución. No puede haber duda, sin embargo, de que los legisladores estatales que enviaron a los electores suplentes actuaron directamente dentro de su jurisdicción legal. Pienso que sé que camino hubieran tomado los Padres Fundadores en este caso.

La Corte Suprema se ponchó

Perdonen la jerga del béisbol, pero hasta los no aficionados al deporte favorito de pasatiempo de Estados Unidos saben que un "ponche", no es un éxito. La Corte Suprema (SCOTUS), el lunes 22 de febrero, desestimó ocho desafíos legales al proceso electoral de 2020 de numerosas entidades republicanas.

La más destacada de las demandas se refería a la constitucionalidad de los cambios en la ley electoral de Pensilvania, su consiguiente ampliación de la fecha de recepción de las papeletas de voto por correo y los conflictos generales con la primacía exclusiva que tienen los legisladores estatales en la elaboración de las leyes electorales y las consideraciones de igualdad de protección, ambas, inherentes a la Constitución.

¿Significa esto una demolición de los argumentos de irregularidades, anomalías e inconstitucionalidades electorales? No, no es el caso. El hecho es que la probabilidad de que un caso se vea ante el SCOTUS es prácticamente nula. En 2017, por ejemplo, esa cifra exacta fue del 2.8 %, según los datos recopilados por la Oficina Administrativa de los Tribunales de Estados Unidos, recogidos en el Sourcebook of Criminal Justice y publicados por Supreme Court Press. Señalan la ironía de que es más fácil ser admitido en Harvard, que ser atendido en el más alto tribunal de la nación.

La desestimación de la Corte Suprema, de naturaleza procesal

Las pruebas de las demandas republicanas, pro-Donald J. Trump que fueron "desestimadas", para ser enfáticamente claros, no fueron escuchadas ni juzgadas. La premisa de las desestimaciones de la SCOTUS fue esencialmente de naturaleza procesal. Por lo tanto, el fundamento de las denuncias sigue sin resolverse. Si extrapolamos las opiniones comparativas sobre la integridad del voto por correo, Trump, su ala republicana del partido y cerca de la mitad de los americanos ven reforzada su opinión sobre este asunto. No son teóricos de conspiración.

Francia prohibió el voto por correo hace cuarenta y cinco años. En una entrevista reciente, el periodista de OANN Jack Posobiec, le preguntó a Jerome Riviere, un político francés que se encontraba de visita en Washington, por qué los franceses suprimieron esa opción de voto generalizado. El miembro del Parlamento de la Unión Europea declaró que fue por la preocupación por la posibilidad de fraude y añadió que las elecciones presidenciales americanas de

2020, reforzaron su posición de que su país hizo lo correcto con el voto por correo en 1975. Francia no es un caso aislado.

La decisión de no revisar los casos que cuestionan la integridad de las elecciones, en particular la demanda de Pensilvania que fue presentada por el Partido Republicano de Pensilvania y los miembros republicanos de la legislatura estatal, no fue unánime entre los miembros del SCOTUS. Los jueces Clarence Thomas, Samuel Alito y Neil Gorsuch desistieron de la decisión del alto tribunal de no conceder una audiencia al desafío legal del Estado de Keystone. La posición de los jueces disidentes, aunque son claramente una minoría dentro del cuerpo de los nueve miembros de la Corte, establecieron un razonamiento coherente, perspicaz y poderoso para su objeción.

Clarence Thomas expresó la desaprobación más fuerte. Al escribir una abrasadora opinión disidente, el único juez negro actual de la Corte y posiblemente su miembro más conservador, arremetió contra sus colegas no coincidentes por su negativa a no reconocer el peligro que suponía para la república americana que la Corte no abordara esta cuestión tan fundamental.

Nominado por George H. W. Bush y considerado el más silencioso de los jueces del SCOTUS, Thomas advirtió de las consecuencias "catastróficas" de permitir que entidades no autorizadas y sin mandato constitucional alteren las leyes electorales, o como él se refirió, "cambiar las reglas en medio del juego".

El problema principal que puso de manifiesto el caso de Pensilvania, al igual que en casos similares de otros estados en este sentido, fue totalmente una cuestión de extralimitación constitucional. El Partido Demócrata de Pensilvania presentó una demanda para ampliar el plazo de recepción de los votos por correo y contabilizarlos como votos legítimos, cuando en realidad la legislatura del estado de Pensilvania había establecido claramente las directrices para ello.

El Tribunal Supremo de Pensilvania se puso del lado de los litigantes del Partido Demócrata del estado y permitió la revisión de las leyes electorales, basándose en las alegaciones de preocupación por la pandemia. Es importante señalar, aunque no está relacionado con la disidencia de la minoría, pero es importante establecerlo, que algunos de los jueces del alto tribunal de Pensilvania son funcionarios electos. En otras palabras, debido a su posición ante el electorado, puede interpretarse que carecen de independencia judicial y de la debida templanza.

Thomas afirmó categóricamente en su opinión seminal que "tanto antes como después de las elecciones de 2020, los funcionarios no legislativos de varios estados se encargaron de establecer las reglas en su lugar. Como resultado, recibimos un número inusualmente alto de peticiones y solicitudes de emergencia impugnando esos cambios". Además, citó una larga serie de casos federales y estatales que defendían la carta de exclusividad de la Constitución que otorga a los órganos legislativos estatales la única capacidad de hacer y/o cambiar las leyes electorales. Si no se atiende este caso, sostuvo Thomas, los peticionarios se enfrentan a un "daño irreparable".

Dado que estas infracciones constitucionales afectaron a las "reglas del juego", como Thomas expuso tan brillantemente, la democracia americana como institución ha sufrido un "daño irreparable". La anomalía abyecta que plagó las elecciones de 2020, un resultado directo de estas alteraciones legales, aunque no constitucionales, de las leyes electorales que el SCOTUS, lamentablemente, se negó a revisar, pesará mucho contra el principio formidable de controles y equilibrios.

El problema principal que puso de manifiesto el caso de Pensilvania, al igual que en casos similares de otros estados en este sentido, fue totalmente una cuestión de extralimitación constitucional. El Partido Demócrata de Pensilvania presentó una demanda para ampliar el plazo de recepción de los votos por correo y contabilizarlos como votos legítimos, cuando en realidad la legislatura del estado de Pensilvania había establecido claramente las directrices para ello.

"La más destacada de las demandas se refería a la constitucionalidad de los cambios en la ley electoral de Pensilvania, su consiguiente ampliación de la fecha de recepción de las papeletas de voto por correo y los conflictos generales con la primacía exclusiva que tienen los legisladores estatales en la elaboración de las leyes electorales y las consideraciones de igualdad de protección, ambas, inherentes a la Constitución".

El Tribunal Supremo de Pensilvania se puso del lado de los litigantes del Partido Demócrata del estado y permitió la revisión de las leyes electorales, basándose en las alegaciones de preocupación por la pandemia. Es importante señalar, aunque no está relacionado con la disidencia de la minoría, pero es importante establecerlo, que algunos de los jueces del alto tribunal de Pensilvania son funcionarios electos. En otras palabras, debido a su posición ante el electorado, puede interpretarse que carecen de independencia judicial y de la debida templanza.

Thomas afirmó categóricamente en su opinión seminal que "tanto antes como después de las elecciones de 2020, los funcionarios no legislativos de varios estados se encargaron de establecer las reglas en su lugar. Como resultado, recibimos un número inusualmente alto de peticiones y solicitudes de emergencia impugnando esos cambios". Además, citó una larga serie de casos federales y estatales que defendían la carta de exclusividad de la Constitución que otorga a los órganos legislativos estatales la única capacidad de hacer y/o cambiar las leyes electorales. Si no se atiende este caso, sostuvo Thomas, los peticionarios se enfrentan a un "daño irreparable".

Dado que estas infracciones constitucionales afectaron a las "reglas del juego", como Thomas expuso tan brillantemente, la democracia americana como institución ha sufrido un "daño irreparable". La anomalía abyecta que plagó las elecciones de 2020, un resultado directo de estas alteraciones legales, aunque no constitucionales, de las leyes electorales que el SCOTUS, lamentablemente, se negó a revisar, pesará mucho contra el principio formidable de controles y equilibrios. La legitimidad del modelo político de Estados Unidos ha quedado en entredicho y su más alto tribunal no dio un paso al frente para abordar el problema. Este sistema falló.

CAPÍTULO 4 INTENTANDO ARREGLAR EL PROBLEMA

Garantizar elecciones libres y justas: El mayor desafío interno de Estados Unidos

La República Americana es el mayor experimento de gobierno consensuado del mundo. Estados Unidos se ha ganado esta distinción al fomentar una continuidad de elecciones competitivas, dentro de una sociedad libre, bajo los auspicios del Estado de derecho. Como en todas las cosas humanas, las imperfecciones y las irregularidades no han estado ausentes. La razón de que la manipulación electoral no haya provocado una coacción sistémica es que las deformaciones electorales del pasado no se han institucionalizado. Garantizar unas elecciones libres y justas es el mayor reto interno de Estados Unidos.

Las elecciones presidenciales de 2020 no fueron justas en general. El proceso estuvo manchado de irregularidades. Se llevaron a cabo actividades dudosas por parte de actores influyentes. La concentración de estos ejercicios maléficos se produjo en los estados clave de las elecciones. Los tribunales estatales, los gobernadores y las comisiones electorales se saltaron la Constitución y cambiaron las leyes.

La pandemia de los comunistas chinos fue la premisa de esta violación constitucional. El resultado de este asedio por parte de las autoridades ejecutivas y judiciales al deber exclusivo de las legislaturas estatales, fue la neutralización integral de los obstáculos establecidos para evitar el fraude y la trampa en el voto. El Centro de Investigación Pew (Pew), en un informe de 2020, concluyó que el 46 % de los votantes expresaron su preferencia mediante el voto por correo o en ausencia en las elecciones presidenciales de ese año. Más de 92 millones de personas solicitaron o recibieron automáticamente papeletas en 2020. Para el día de las elecciones, se habían emitido 102 millones de votos por correo o a través del voto anticipado. Según la Oficina del Censo de Estados Unidos, la mayoría de los votantes, el 69 % (informes posteriores citan el 72 %), utilizaron estos métodos "no tradicionales" (voto por correo, voto anticipado). En las elecciones presidenciales de 2016, solo el 21 % votó por correo. Esta cifra suele ser menor cuanto más se avanza en la historia de la paz americana.

La relajación elefantiásica de los impedimentos en 2020 para evitar el fraude en los esquemas de voto por correo produjo irregularidades flagrantes. Estas se exhibieron, en mayor proporción, en condados particulares de Arizona, Georgia, Michigan, Nevada, Pensilvania y Wisconsin. El expresidente Trump, el Partido Republicano, numerosos fiscales estatales y ciudadanos particulares presentaron impugnaciones legales por los cambios inconstitucionales en las leyes electorales. Lamentablemente, la mayoría de las demandas fueron desestimadas por motivos técnicos o de procedimiento. El mecanismo del debido proceso, que incluye el testimonio de los testigos, los interrogatorios cruzados, la presentación de pruebas y otros procedimientos sustantivos en los juicios, fue negado, no solamente a los demandantes, sino al pueblo americano y a su sistema democrático.

Las democracias europeas están muy en contra del voto por correo. En Francia está prohibido, salvo en casos graves de ciudadanos con discapacidades médicas. Esto es por una razón. El engaño en las elecciones es más fácil con las papeletas depositadas por correo, en lugar de en persona. A medida que la gente muere, se muda o tiene cambios en su estatus de elegibilidad para votar, sin ser reportados a los organismos electorales locales, brota el problema de las listas de votantes sucias. Un estudio de Pew en 2012 reveló que había 24 millones de registros de votantes inválidos o inexactos. Esto representa 1 de cada 8 votantes registrados en Estados Unidos. Se trata de un mercado atractivo para la recolección ilegal de papeletas, firmas fraudulentas, compra de votos, duplicación de votos, manipulación de papeletas, fraude en la petición de papeletas, voto inelegible, influencia indebida en votantes reales y suplantación de votantes.

Poderosas élites y estructuras oligárquicas también demostraron haber interferido indebidamente en las elecciones presidenciales de 2020. El fundador de Facebook, Mark Zuckerberg, contribuyó con 419.5 millones de dólares a través de múltiples organizaciones sin ánimo de lucro, que dieron prioridad a la asistencia logística a los condados demócratas fuertemente concentrados en los estados clave de la batalla. Esta atroz manera de corromper el sistema político estadounidense eludió de hecho las leyes federales de financiación que limitan las donaciones a los candidatos y a los partidos. Estableció un sistema de dos niveles. Los republicanos se vieron muy perjudicados por los "Zuckerbucks", como se les llegó a conocer.

Las Big Tech se volcaron con el candidato demócrata. Se suprimió información perjudicial para la candidatura Biden-Harris. Un ejemplo fue cuando se censuraron noticias e información sobre los nefastos hábitos de Hunter Biden, sus prácticas empresariales y la posible participación de su padre en sus aventuras comerciales. Las búsquedas en Google presentaron una realidad alternativa para sesgar el campo de juego a favor de la candidatura demócrata. Los principales medios de comunicación se convirtieron en trincheras demócratas en una guerra para hacer perder a Trump.

Unas elecciones libres y justas requieren un acceso igualitario a los medios de comunicación. En el mundo actual, esto incluye los medios sociales, así como los medios de comunicación de masas, y los mecanismos de búsqueda en Internet. Las grandes tecnológicas se convirtieron en actores ideológicos que utilizaron una posición privilegiada que les otorgan las leyes públicas (Sección 230) y obstruyeron el proceso político. Las empresas privadas, con un estatus cuasi-monopólico, no pueden operar como un gobierno no elegido en una república.

Deben promulgarse leyes de integridad del votante en todo Estados Unidos. Esto es crucial en los estados clave. El dinero privado y sucio no puede saltarse los límites de gasto de las campañas para favorecer a un candidato en detrimento de otro. Las grandes empresas tecnológicas deben ser deconstruidas. Es hora de que sean tratadas como transportistas comunes. El primer paso es aprobar leyes que faciliten el voto, pero dificulten las trampas. Después de que se produzca el tsunami republicano en las elecciones de mitad de mandato de noviembre, hay que enfrentarse a los otros dos enemigos de la república americana.

¿Está Estados Unidos arreglando su sistema electoral?

Uno de los aspectos positivos de las elecciones presidenciales de 2020, que fueron un caos, es que Estados Unidos puede estar arreglando su sistema electoral. Bajo el telón de fondo preventivo de una pandemia, los gobernadores demócratas, los secretarios de Estado, las juntas electorales y los tribunales estatales pasaron por encima de las legislaturas estatales constitucionalmente designadas y reescribieron los sistemas electorales en estados fundamentales.

Esto supuso un perjuicio considerable para la democracia americana. En consecuencia, las leyes sobre la integridad de los votantes se están extendiendo por todo Estados Unidos. El más Alto Tribunal de la nación también está interviniendo (finalmente) para resolver este asunto seminal. Las flagrantes irregularidades que se produjeron en distritos electorales urbanos clave en 2020, arrojan una sombra de ilegitimidad sobre el actual presidente de Estados Unidos y el sistema de votación del país. La mayoría de los republicanos creen que las elecciones de 2020 no fueron justas y, por lo tanto, no fueron libres. Eso es la mitad del país.

En abril de 2021, 47 estados tenían proyectos de ley de integridad electoral pendientes, según el Centro Brennan para la Justicia. Los grupos de defensa de la extrema izquierda y los funcionarios del Partido Demócrata, elegidos o burocráticos han librado una guerra para impedir su aplicación. Los medios de comunicación industriales, los negocios woke y las Big Tech han ayudado y participan activamente en el intento de enmarcar el discurso público, atacando las medidas para remediar los pecados electorales de 2020, titulándolos como "supresión de votantes".

Las principales infracciones de las elecciones de 2020 fueron el resultado de (1) la relajación de los mecanismos de validación de los votantes y de las papeletas de voto por correo; (2) las laxitudes en la cadena de custodia de los buzones de voto por correo, y (3) el dinero privado ("Zucker Bucks") que benefició desproporcionadamente a los distritos urbanos demócratas en los estados morados. Las leyes de integridad del votante y/o la legislación pendiente (dependiendo del estado) tratan de frustrar las estrategias que permiten el fraude electoral. La Corte Suprema de Estados Unidos (SCOTUS) intervino recientemente, resolviendo potencialmente el debate sobre el sistema electoral en cuanto a quién es el agente primario.

El 23 de junio, el SCOTUS falló a favor de dos legisladores republicanos del estado de Carolina del Norte, permitiéndoles participar en un juicio en curso. La decisión del Alto Tribunal simplemente permite a los legisladores defender la ley de integridad de los votantes de su estado. Aunque no aborda directamente la premisa subyacente de la mayoría de las impugnaciones de las leyes electorales contra el fraude, que es que las iniciativas de integridad de las papeletas de voto violan la Ley de Derecho de Voto de 1965 y la Constitución al suprimir a los votantes negros americanos, les permite ser parte en el juicio federal. Esto es importante.

La izquierda y sus organizaciones apoderadas, como la NAACP, el litigante en el caso federal de Carolina del Norte, prefieren excluir a los legisladores estatales. Esto es de esperar. La presencia de los legisladores republicanos pone de manifiesto la gran controversia sobre quién tiene la autoridad legítima para elaborar las leyes electorales.

La Corte Suprema de Justicia de los Estados Unidos se burló de esta cuestión en 2020, al no escuchar los casos de Pensilvania o Texas, que abordaban la inviolabilidad constitucional que otorga a los legisladores estatales, según el artículo 1 (cláusula sobre las elecciones) y el artículo 4 (cláusula sobre los electores presidenciales), el poder exclusivo. Fue esta parodia constitucional la que facilitó los chanchullos del voto por correo que le dieron la presidencia a Joe Biden.

Conocida como la Doctrina de la Legislación Estatal Independiente, la Cláusula de las Elecciones y la Cláusula de las Elecciones Presidenciales de la Constitución facultan claramente a los legisladores estatales, de forma exclusiva, con la capacidad de redactar y alterar las leyes electorales. Los demócratas seguirán utilizando los tribunales estatales y sus homólogos federales en las jurisdicciones de izquierda, para controlar las normas que podrían amañar las elecciones en su favor.

El SCOTUS parece dirigirse hacia un apuntalamiento originalista. Este es su hábitat natural en el ecosistema político de la República Americana. Escuchar casos de integridad electoral elaborados por los representantes estatales del pueblo ayudaría a reconstruir el sistema electoral y el diseño constitucional de Estados Unidos.

CAPÍTULO 5 LO QUE ESTABA EN JUEGO

¿Por qué fueron trascendentales las elecciones de 2020?

Los políticos que tienen que lidiar con elecciones competitivas, comúnmente profesan que las del momento son las más importantes. Estos comicios, sin embargo, sí son fundamentales. La contienda presidencial actual no es un enfrentamiento entre dos hombres representando a dos partidos. Lo que está aconteciendo es un duelo entre dos cosmovisiones. El resultado en las urnas producirá un cambio de paradigma.

¿Cuáles son estas dos cosmovisiones y qué cambio paradigmático producirá? Por un lado, está el modelo que personifica el "excepcionalísmo" estadounidense. Es el mismo que ha estado vigente desde el comienzo de esta nación. Adams, Franklin, Hamilton, Jefferson, Madison y Washington prefirieron a Roma sobre Grecia. La farsa de la democracia ateniense no los engañó. Consistente con sus antepasados, fundamentaron este prototipo con principios bíblicos judeocristianos. Esto quiere decir que la noción de la Ley Natural y los derechos naturales (precursores de los DD. HH.) con sus deberes cívicos tendrían primacía en el diseño convencional. El sistema institucional de frenos y contrapesos ("checks and balances") fue colocado para limitar innatamente los excesos del poder y mitigar las asperezas entre facciones. Una república con soberanía popular cuyo papel primordial del gobierno sería resguardar la libertad de los gobernados, ha sido el objetivo del arquetipo.

La otra cosmovisión parte de un sistema malo: el comunismo. Cuando los bolcheviques lograron implantar el primer Estado socialista, iniciaron con la "Komintern" (Internacional Comunista), la guerra para subvertir el mundo. Pese al fervor, encontraron varios problemas. Todas las predicciones pseudocientíficas de Marx no se cumplieron. La clase obrera vio sus estándares de vida elevarse, la Primera Guerra Mundial probó que los pueblos irían a pelear por la nación y no la clase social. En fin, la revolución internacional que prometió el materialismo histórico nunca llegó. Pensadores más audaces como Lukács y Gramsci vinieron al rescate.

Lukács con su tesis de "reificación" y Gramsci con la de la "hegemonía", buscaron desplazar el determinismo como factor medular y colocar en su lugar, la cultura. Otros intelectuales marxistas se les unieron. Ninguno tuvo más impacto que el grupo de comunistas alemanes de la llamada Escuela de Frankfurt: Adorno, Benjamin, Fromm, Horkheimer y Marcuse. Incorporándole al marxismo partes de la psicología freudiana, particularmente las nociones de represión, estos pensadores/activistas ampliaron el entendimiento de la primacía de la cultura como fenómeno determinante y desarrollaron la Teoría Crítica, ese ingrediente inherente en lo que muchos se refieren hoy como el marxismo cultural.

La URSS se ocupó de minar a Estados Unidos con subversivos. El impacto fue irrelevante desde el prisma estratégico de alcanzar el poder político. El quinteto de la Escuela de Frankfurt huyó del fascismo alemán hacia los Estados Unidos. Desde la tierra de Lincoln pudieron observar la cultura predominante estadounidense, con su clase media pujante y el papel importante que tenía la familia, la religión, el patriotismo, la propiedad privada y la libertad individual. Inmediatamente éstos se dieron cuenta que había que destruir todas estas instituciones. Para lograr eso habría que reformular la cultura, ya que por medio de la cultura es que uno percibe el entorno material ¿Tuvieron éxito? Podemos decir que el marco intelectual de la actualidad, el postmodernismo, ha sido sustentado por toda una gama de marxistas que priorizaron la cultura como mecanismo de identificar la "verdad" e inherentemente abrazaron la noción de la deconstrucción y las ramificaciones diferentes de la Teoría Crítica: de raza, postcolonial, feminista, queer (ideología de género), entre otros.

La contracultura de las décadas de los 1960 y 1970 fue un resultado del trabajo de la mencionada escuela. Fue impactante y subversivo, pero no determinante ¿Por qué? Muy sencillo. La corriente socialista se vio limitada a grupos marginados, sectas radicales y otros grupúsculos. La clase política estadounidense, de modo bipartidista, rechazó cualquier noción del socialismo. En 1972, el candidato presidencial por el Partido Demócrata, George McGovern, sufrió una de las derrotas más aplastantes por tener un apego izquierdista.

Dos fenómenos ablandaron la psiquis estadounidense. El marxismo cultural (Teoría Crítica y deconstrucción) ha sido la sustentación filosófica detrás de todo, pero las causas mecánicas fueron, primero, la reacción de la clase política y la de los académicos marxistas tras la caída del comunismo soviético. Cuando el Muro de Berlín cayó (fue empujado por Reagan), Estados Unidos. abandonó el frente ideológico, creyendo erradamente que el componente económico (capitalismo) y los méritos del mercado serían suficiente. Nunca entendieron que el marxismo es una religión materialista.

Un grupo de profesores marxistas concluyeron que la única vía factible de preservar y expandir los delirios de Marx, sería por medio de la ampliación de los currículos de estudios de la Teoría Crítica. De ahí la explosión en cursos de estos estudios de agravios. Pese a que estos cursos no aportan nada al conocimiento humano, sí sirven para adoctrinar.

Obama es, categóricamente, un socialista fabiano. Los proponentes del marxismo cultural y los socialistas fabianos comparten la dependencia en la cultura como arma de guerra. El socialismo se podría edificar, concluyó Obama, lentamente concientizando a la sociedad. Las incursiones obamistas, pavimentaron la relevancia de Sanders, otros políticos auto categorizados como socialistas y toda una agenda en línea con los objetivos de estatizar al país.

El fenómeno de los grupos comunistas como Black Lives Matter que abiertamente racionalizan sus actividades con la Teoría Crítica de raza y Antifa, la insurrección que hemos presenciado desde mayo y la genuflexión demostrada por los medios, las empresas grandes y una parte de la clase política, ha sido posible porque el marxismo pasó de la marginalidad al mainstream. Esto lo proporcionó la marcha roja cultural en sincronización con su toxicidad extendida al entorno político.

Es predecible el paradigma que la ultraizquierda dejaría si llegara a dominar la presidencia y el Congreso. Hay toda una maquinaria jacobina esperando desmontar la democracia estadounidense. Con la conclusión del principio legislativo del filibusterismo (mecanismo que obliga el consenso), el convertir en estados al Distrito de Columbia y Puerto Rico y el expandir la membresía del Tribunal Supremo, Estados Unidos se convertía en un modelo unipartidista.

Trump ha sido el muro de contención contra el tsunami socialista. Su victoria en las elecciones representa la oportunidad para consolidar y expandir, sistémicamente, la expurgación de la república del socialismo. Sería, más que un rescate, una renovación de los valores que han hecho de Estados Unidos una excepción: el paradigma de la libertad.

Biden no debió ser presidente

Joseph Robinette Biden Jr., un político profesional por más de 47 años, se ha postulado para la presidencia de Estados Unidos tres veces. Su primer intento en 1988 fue un fiasco. Con precisión perfecta plagió, al pie de la letra, un discurso de Neil Kinnock, un político galés laborista. Sin salida de este embrollo, tuvo que abandonar la contienda.

Durante la campaña de 2008, su verborragia imprudente y callosa, demostrado tan a flor de piel a través de su larga carrera, no lo desacostumbró y se repitió durante la campaña. Ahí quedó la segunda postulación. Al fin, en 2020, Biden fue la preferencia del Partido Demócrata al vencer a 29 otros aspirantes.

¿Tiene Biden las calificaciones para ser presidente de Estados Unidos hoy? En otro momento, con otro Partido Demócrata y en mejor estado mental, esto podía haber sido una posibilidad. Si bien Biden nunca contó con poseer muchas luces, sí logró establecer lazos con la clase política en Washington y adquirió una presencia en el Congreso.

Tomando en cuenta sus posturas vacilantes, movedizas con apego a un pragmatismo amoral que venía siempre ligado a los resultados de las encuestas más recientes, su larga estadía en Washington le confirió, dentro de las filas del Partido Demócrata, cierta distinción. La presidencia de Barack Obama y su papel vicepresidencial, sin embargo, le troncó cualquier posibilidad de ser meritorio de ocupar la Casa Blanca. Vamos a las razones.

El Partido Demócrata violenta el Estado de derecho

En dos formas transcendentales aportó, el primer presidente negro en Estados Unidos, a la descalificación moral y existencial de Biden. Obama violentó el Estado de derecho repetidas veces y deconstruyó el Partido Demócrata. Primero, el abuso de poder concretado por el cuadragésimo cuarto presidente tuvo repercusiones con Biden. Desde que arribó a la Casa Blanca, Obama estableció el ejercicio de esquivar las normas constituciones para lograr objetivos políticos.

El caso más craso de la quiebra total del orden constitucional fue su utilización de los cuerpos de la inteligencia y la contrainteligencia (FBI, CIA) y la manipulación de la fiscalía nacional para promover cargos criminales, basándose en evidencia falsa y otras maniobras de desinformación, para espiar e intentar atrapar legalmente a Trump. Este último ejemplo fue parte de un patrón de eventos que dan muestras de un intento de golpe de Estado (no-violento).

La proximidad a las esferas altas del gobierno obamista, le ofreció a Biden una posición predilecta para convencerse de que podría profundizar actividades cuestionables y de que no habría escrutinio por parte de su jefe o su equipo. Así despegó el cartel Biden, una red de corrupción impresionante en el cual su puesto político le facilitó dividendos jugosos a su hijo (Hunter), sus hermanos (James y Frank), su hermana (Valerie) y su hija (Ashley). Nociones de haber existido un mero "conflicto de interés", palidece ante la realidad de lo ocurrido. Tráfico de influencia, extorsión, soborno, arriesgar la seguridad nacional, enriquecimiento ilícito y lavado de dinero son cargos que, de llevarse a cabo una investigación exhaustiva y justa, con alta probabilidad colocaría a Joe Biden dentro de una celda, junto a su hijo Hunter.

La etiqueta "Biden"

La etiqueta "Biden" le ha conseguido prebendas cuantiosas a la familia del vicepresidente en China, Ucrania, Irak, Rusia, Kazajistán, Costa Rica, Jamaica y, por supuesto, Estados Unidos. Sin el puesto que ocupaba éste, sus familiares, ninguno de ellos, poseían las calificaciones para ser beneficiarios de los contratos, honorarios o las regalías que recibieron. El tráfico de influencia desempeñado por Biden, es difícil de ignorar. Ese es el caso también con las acusaciones de extorsión.

En una grabación de video durante una visita al Consejo de Relaciones Exteriores, Biden confesó haber presionado al gobierno ucraniano a que despidiera de su función a Viktor Shokin, el fiscal que estaba investigando a Burisma, la empresa que había contrato a Hunter Biden. El vicepresidente se hartaba de haber condicionado la entrega de mil millones de dólares en ayuda del contribuyente estadounidense ¡Si eso no es extorsión, nada lo es!

Se sabe que 22 días antes de Obama desalojar la Casa Blanca, el embajador estadounidense en Kiev les había alertado a oficiales de su gobierno que tenía información sobre pagos hecho por Burisma a los fiscales ucranianos por un monto de 7 mil millones de dólares y se sospechaba que estos constituían un soborno. La investigación a Burisma, al final y convenientemente, se cerró. Ha sido vox populi que el hijo de Biden, Hunter, estaba en la junta de directores de la empresa energética ucraniana durante todo ese tiempo.

La recién aparecida y ahora famosa computadora portátil de Hunter, ha brotado una dosis alta de evidencia y otras cosas que lo implican criminalmente a él y a su padre tentativamente. Tony Bobulinski, un antiguo socio comercial de Hunter, ha salido recientemente a denunciar que Biden (Joe), no sólo estaba consciente de las actividades de negocio del hijo, sino que éste era el "hombre grande" y recibía 10% de las transacciones. De ser cierto, esto colocaría sobre Joe Biden cargos de enriquecimiento ilícito.

Los mensajes, según el ex socio de Hunter y Oficial Ejecutivo Principal ("CEO") de Sinohawk Holdings, validan el entendimiento del comportamiento ilícito del exvicepresidente. Bobulinski es ahora un testigo en este caso que el FBI está investigando. Dicha investigación, se ha descubierto estarse llevando a cabo, entre otras razones, bajo la codificación designada a los casos de lavado de dinero por revelaciones de pagos hechos a Hunter de ciertos oligarcas rusos, ucranianos y comunistas chinos. El Departamento de Justica ha confirmado que están investigando actualmente a Hunter.

Como si todo esto no fuera suficiente, los negocios entrelazados de Hunter Biden con China, pueden haber puesto la seguridad nacional de Estados Unidos en riesgo. De acuerdo con el documental "Riding the Dragon: The Bidens' Chinese Secrets" del escritor Peter Schweizer y divulgado por el New York Post, la empresa de inversión BHR Partners, una de las empresas comunistas chinas en la cual Hunter tiene un escaño en la junta de directores, le proporcionó una inversión a su empresa de mil millones de dólares. A partir de ahí, en una transacción facilitada por Hunter, BHR y AVIC (ambas ligadas al PCCh) adquirieron Henniges Automotive, una compañía de productos automotriz de Michigan cuyos productos tienen uso-dual con una capacitación a usarse en aviones de guerra. Nada de esto hubiera ocurrido si Hunter no hubiera tenido el apellido Biden y este no haya sido el vicepresidente.

El segundo factor por el cual Joe Biden no debe ser presidente es el estado actual del Partido Demócrata. Hoy el Partido Demócrata es el motor político del socialismo en Estados Unidos. Lo cierto es que Biden no sería el único en ser un pelele. Los otros aspirantes también serían rehenes de esta maquinaria. Obama, un socialista fabiano con una apreciación especial por el marxismo cultural como metodología estratégica para institucionalizar la hegemonía del socialismo, ha transformado el partido de Truman y Johnson.

El liderazgo del Partido Demócrata contiene una mentalización marxista profunda. El islamismo es otra influencia que está cobijado en el mando. La misión del Partido Demócrata es fundamentar el socialismo en la patria de Washington y Lincoln. ¿Cuál es el obstáculo? El sistema democrático estadounidense.

Los clamores de la extrema izquierda por la necesidad de "cambios sistémicos" obedecen a ese objetivo. Desde la muerte de George Floyd en mayo de este año, la insurrección marxista ha salido de la nebulosidad y se ha trasladado a la calle y en pleno día. "Black Lives Matter" y "Antifa" son las tropas de choque del Partido Demócrata.

La Teoría Crítica de Raza, una rama de la Teoría Crítica del Colegio de Frankfurt y componente del marxismo cultural, ha sido introducido en el psiquis popular. Nociones impensables previamente de una "justicia social" falsa y subversiva, se ha extendido como un virus de alto contagio. Esta racionalización malévola con su invención de "víctimas" para alistar soldados en su guerra revolucionaria, lo que busca es el derrocamiento del modelo político y económico del excepcionalismo estadounidense. En colusión con esta gesta liberticida están los medios de comunicación y sociales, los monstruos tecnológicos, una clase empresarial que abraza el capitalismo concesionario ("crony capitalism") y facciones marxistas que han penetrado la religión organizada.

Manifestaciones de este empeño por destruir sociedades abiertas incluyen el ecosocialismo, cientificismo político (pseudociencia), inmigración en masa, ideología de género, globalismo ¡Esto no se puede permitir! Aunque el Partido Demócrata estuviera despojado de su toxicidad marxista, a Biden por su corrupción abismal, no le corresponde la presidencia. Cuando se toma en cuanta en manos de quién está el Partido Demócrata y hacia dónde quieren llevar a Estados Unidos, cualquier victoria de un demócrata, en este momento, sería un acto de suicidio político ¡Quiera Dios que los votantes estadounidenses estén a la altura que la ocasión merita y preserven la república!

ACERCA DEL AUTOR

Julio M. Shiling es politólogo, autor, conferencista, comentarista en los medios, columnista y director de los foros políticos y las publicaciones digitales Patria de Martí y The CubanAmerican Voice. Tiene una Maestría en Ciencias Políticas de la Universidad Internacional de la Florida (FIU) de Miami, Florida. Es miembro de The American Political Science Association ("La Asociación Estadounidense de Ciencias Políticas") y el PEN Club de Escritores Cubanos en el Exilio.

Es autor de catorce libros, incluyendo el muy aclamado *Dictaduras y sus paradigmas: ¿por qué algunas dictaduras se caen y otras no?* 3a ed. (2013, 2022), anteriormente una obra de dos tomos y ahora formateado en un solo libro. Su fluidez en inglés le ha permitido publicar sus obras en ese idioma también. Sus artículos y ensayos se han reproducido en decenas de publicaciones impresas y electrónicas en los Estados Unidos, América Latina y Europa. En capacidad de politólogo y comentarista en los medios, es un invitado frecuente en programas locales, nacionales e internacionales de televisión, la radio, pódcast y otras plataformas mediáticas.

Desde 2006, Julio M. Shiling dirige Patria de Martí. En 2020, inauguró The CubanAmerican Voice, un medio digital en inglés. Patria de Martí fue galardonada con el Premio Derechos Humanos Libertad 2015 por la Asociación por la Paz Continental (ASOPAZCO), una ONG española consagrada con la promoción de los derechos humanos en el mundo. Adicionalmente, en 2015, fue otorgado el reconocimiento Bandera Cubana en Boston, Massachusetts, en ocasión de la celebración del Grito de Yara. En 2017, recibió el Premio Herencia de Cuban Cultural Heritage, por su aporte a la cultura cubana. También ha fundado y dirigido empresas de seguros y servicios financieros.

Como conferencista participa regularmente en foros, conferencias, paneles de discusión y otros actos públicos. Además de eso, Patria de Martí auspicia "Simposios por un Mundo Libre", un ciclo de conferencias diseñadas para promover una mayor concienciación cívica con apego a la libertad y la democracia.

Nacido en La Habana, Cuba, a los seis años partió al exilio con su familia. Después de una breve estadía en Madrid, España, se trasladaron a los Estados Unidos estableciéndose en Union City y West New York, ambas ciudades en el estado de New Jersey. Unos años más tarde, se mudaron a Miami, Florida, donde reside actualmente..